AF224788

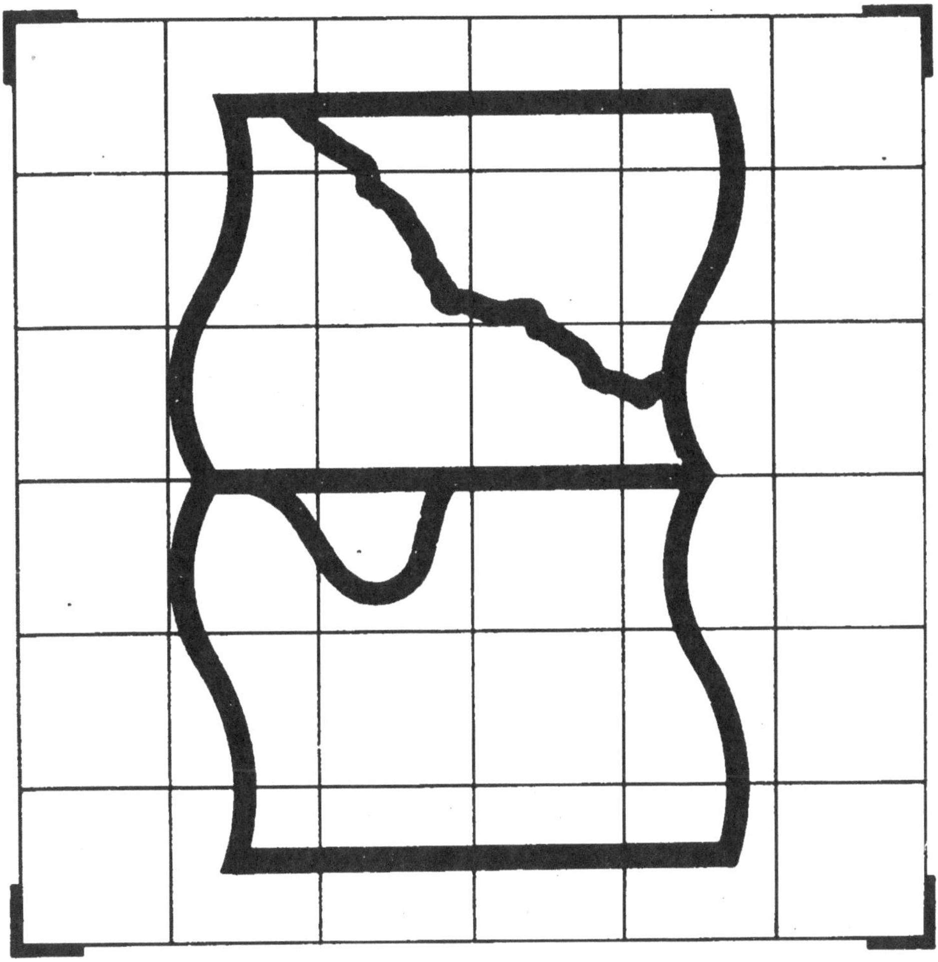

PAUL LABORDE

VICE-PRÉSIDENT D'HONNEUR DE LA MUTUALITÉ DES ŒUVRES OUVRIÈRES DE MOULINS
TRÉSORIER HONORAIRE DE LA CAISSE DE CHOMAGE DE MOULINS

GARE

LE

SOCIALISME !

Prix : 0 fr. 60

Chez J. Santo, 131, rue de Vaugirard, Paris

PARIS

LIBRAIRIE SAINT-PAUL

6, rue Cassette, 6.

1917

PAUL LABORDE

PRÉSIDENT D'HONNEUR DE LA MUTUALITÉ DES ŒUVRES OUVRIÈRES DE MOULINS
TRÉSORIER HONORAIRE DE LA CAISSE DE CHOMAGE DE MOULINS

GARE

LE

SOCIALISME !

Prix : 0 fr. 60

PARIS

LIBRAIRIE SAINT-PAUL
6, rue Cassette, 6.

1917

AVANT-PROPOS

Un devoir s'impose aux hommes de bonne foi, celui de combattre l'erreur quel que soit l'aspect sous lequel elle se présente. Le socialisme étant l'erreur capitale de notre époque doit être démasqué par eux et montré tel qu'il est à ceux qui ne le connaissent que par les raisonnements opiniâtres de certains entraîneurs intéressés à son exploitation.

A leurs raisonnements fallacieux, se borner à en opposer d'autres, quoique absolument sincères, est insuffisant, car entre les considérations abstraites résultant des uns et des autres, comment fixeront sûrement leur choix tant de gens emballés facilement sur des apparences trompeuses, flattant après tout les désirs naturels de mieux-être de chacun de nous ?

Le meilleur moyen de rendre tangible, évident pour tous, ce qui est sincère, ce qui est vrai, c'est de l'appuyer par des faits.

Il y a en effet dans certains faits divers se rapportant à une théorie quelconque — la théorie socialiste surtout — plus de clarté répandue sur la question qu'elle concerne que dans certains traités volumineux lui étant consacrés, et beaucoup de discours verbeux destinés à la développer.

Les quelques pages qui suivent ont justement pour but d'opposer les enseignements provenant d'expériences vécues aux dissertations socialistes dont l'épreuve incertaine est encore à faire.

Entre la certitude de ces expériences et l'incertitude de ces dissertations, le lecteur saura faire un choix judicieux. Il ne manquera pas de remarquer, à la lecture, qu'il existe des répétitions, mais elles sont voulues par suite de l'insistance dont certains points importants à traiter doivent être l'objet.

Paul LABORDE.

Bourg, le 1ᵉʳ janvier 1917.

Gare le Socialisme !

Observation préliminaire. — C'est à l'homme du peuple qu'est recommandée la lecture de cette brochure ; à celui surtout qui, de bonne foi, cherchant la vérité, dans un désir naturel d'amélioration sociale, s'est laissé entraîner dans la voie du socialisme par des utopistes ou des exploiteurs de la crédulité humaine.

Les uns et les autres ont, pour la plupart, une faculté d'élocution entraînante, et on est naturellement porté à écouter avec plaisir celui qui vous promet du bonheur ou tout au moins de mettre un peu de beurre sur votre pain sec.

Les paroles sont des paroles et, le plus souvent, autant en emporte le vent. Quelque éloquentes qu'elles soient, elles n'auront jamais la portée d'actes se rapportant au sujet qu'elles se proposent de traiter. Les paroles attendent une sanction et les faits l'apportent d'eux-mêmes, ainsi que le lecteur est appelé à s'en rendre compte.

En fait de sanction, les discours et déclarations d'avant la guerre des chefs du parti socialiste français ont reçu un tel démenti de la part de leurs frères allemands, que le reste de leur vie devrait être un *mea culpa* ininterrompu ; mais, étant incorrigibles, ils n'en persistent et n'en persisteront pas moins dans leurs errements politiques et sociaux. — Serait-il sensé, serait-il raisonnable de la part du monde ouvrier de remettre entre des mains si inexpérimentées, de confier à des hommes sujets à de si colossales erreurs, la transformation sociale, de fond en comble, d'un pays comme le nôtre ?...

La France, qu'ils ont voulue désarmée, en présence de l'Allemagne armée jusqu'aux dents, paie les frais de leur impéritie, et la France, socialisée à leur façon, sombrerait dans la misère et l'esclavage.

Il ne s'agit pas ici d'étudier le socialisme dans son rôle politique, mais dans son action économique et sociale ; néanmoins, il faut constater qu'ayant fait faillite dans son rôle politique où il vient de se montrer d'une incapacité, d'une imprévoyance et d'un aveuglement complets, il a fait faillite aussi dans son action économique partout où il a cherché à l'exercer ; faillite partielle et désastreuse, laissant entrevoir ce que serait une faillite générale s'il réussissait à s'imposer au·pays tout entier au lieu de s'essayer partiellement, comme il l'a fait, dans quelques groupes industriels dont il a causé la ruine ou le détraquement.

Au fait. — De toutes parts, on entend dire : Le socialisme gagne de plus en plus, et les dernières élections législatives, celles de 1914 surtout, en sont la preuve. — Cela se comprend, socialisme étant un terme dont se servent une foule de gens de plus en plus nombreux pour désigner et atteindre, si possible, le but social ayant leur préférence, sans être d'accord entre eux sur la réalité qu'il représente.

On part de ce principe nullement démontré : à savoir que le socialisme ferait le bonheur du plus grand nombre ; dès lors s'explique la poussée de plus en plus forte vers sa réalisation.

Les ambitieux, les arrivistes, riches pour la plupart et n'ayant nul besoin d'améliorer leur sort, se disent socialistes pour exploiter la crédulité des électeurs, et ceux d'entre eux qui sont sans fortune espèrent, par ce moyen, la conquérir en même temps que le pouvoir.

De son côté, la masse populaire qui se dit socialiste et vote pour les candidats portant cette étiquette, espère par là : les uns — le petit nom-

bre — se faire honnêtement — mais comment ?
ils n'en savent rien — une situation meilleure ;
les autres, beaucoup d'ouvriers par exemple,
s'emparer de l'usine du patron pour l'exploiter à
leur profit ; d'autres encore, quoique étant dans
une bonne condition moyenne, satisfaire leur
jalousie en profitant de la ruine légale de ceux
qui ont plus qu'eux.

La justice ni l'honnêteté la plus vulgaire ne
président à aucune de ces combinaisons qui se
réduisent, en somme, à prendre aux uns pour
contenter les autres.

Cela pourra-t-il se faire, et comment ?

Les prometteurs, et ceux à qui il est promis,
ne se sont jamais expliqués à fond sur la façon
de procéder à cette transformation sociale. On
dirait que les uns et les autres redoutent de
s'expliquer sur la façon de prendre le bien d'au-
trui qui en ferait le fond, d'autant mieux que la
plupart de ceux qui promettent ne demandent
qu'à s'en tenir là, sans être obligés de passer à
l'exécution de leurs promesses, attendu que
beaucoup d'entre eux sont riches et seraient les
premiers pris, ce qu'ils n'entendent pas.

Toujours est-il qu'en attendant, le mot d'ordre
courant, pour la plupart de ceux qui aspirent
au mieux-être, est de voter, les yeux bandés,
pour des députés socialistes.

Mais, tout a une fin, et il est possible qu'un
jour une majorité de fous, ayant le pouvoir, soit

sommée de passer de la parole aux actes. C'est le cas, ou jamais, de rechercher à l'avance ce que serait le nouvel état social qui en résulterait et dont la masse ne connaît encore que la formule, de lui dire une bonne fois la vérité tout entière à cet égard, afin de l'éclairer sur ce qu'elle aurait à perdre en tombant en plein socialisme.

Pour cela, procédons par ordre.

Le socialisme, en thèse générale, est préconisé par les hommes qui prétendent changer l'état de la société et la réformer sur un plan nouveau. — C'est entendu. — Mais que serait ce plan nouveau, cette cité future, selon l'expression à la mode? C'est sur ce point qu'il faudrait s'expliquer, et c'est ce qui est encore à faire.

Il n'y a rien de nouveau sous le soleil, pas même le socialisme, parce que, à toutes les époques, il y eut des niveleurs cherchant à imposer une égalité de situation entre les hommes, qui est contre nature, attendu que si certains sont intelligents, travailleurs, économes, d'autres sont inintelligents, paresseux et dépensiers.

En socialisme, comme en tout, l'expérience passe science; parlons donc à ce bon peuple français, si berné, si trompé, de ce qu'ont donné certaines expériences socialistes qui ont été faites et dont on se garde bien de l'entretenir; au moins il saura à quoi s'en tenir.

D'aucuns lui ont sans doute parlé du partage des biens, de la division du sol français par portions égales entre ses habitants ; mais cela a été fait en Grèce, il y a des siècles ; peu après, les paresseux vendirent leurs portions aux laborieux, de sorte que l'égalité ne dura qu'un moment. Il en serait de même en France si ce partage absurde avait lieu ; il serait à recommencer périodiquement.

Il n'y a pas qu'une formule socialiste, il y en a autant que d'individus.

Entre toutes, il en est une à redouter et qui semble pourtant s'implanter sournoisement en France, c'est le socialisme d'Etat, c'est-à-dire l'Etat possédant tout et se faisant père nourricier de tous.

D'abord, qu'est-ce que l'Etat ?

L'Etat devrait représenter l'ensemble des intérêts généraux de tous les Français gérés par eux-mêmes pour le plus grand bien de tous, c'est-à-dire être un pouvoir pondérateur, soucieux d'harmoniser le contact des inévitables inégalités sociales dans la liberté, la justice et la paix.

Le travail, organe naturel d'une loyale et productive concurrence, source morale du bien-être matériel de tous, ne peut donner son plein effet qu'autant que ceux qui s'y livrent sont assurés de jouir en toute liberté de son fruit ou d'en assurer le bénéfice à leurs descendants. Exiger que ce bénéfice profite à une collectivité quelconque, c'est en tarir la source en détruisant l'émulation qui nous lie les uns aux autres par les services mutuels qu'elle rend ; c'est aussi tuer le patriotisme en lui enlevant sa raison d'être, c'est-à-dire la possession du sol et l'indépendance de ses occupants. Et pourtant, c'est ce que tend à faire le socialisme d'Etat, prétendant suppléer aux initiatives et aux énergies individuelles en absorbant tout pour pourvoir à tout, et se constituer alors une sorte de moteur universel sujet à occasionner une catastrophe irrémédiable le jour où il serait arrêté par une cause imprévue ou de force majeure, et surtout par l'impossibilité de fonctionner normalement, ce qui ne manquerait pas d'arriver.

Louis XIV, un roi, dit un jour : « L'Etat, c'est moi ! » — Un roi, il n'en faut plus, paraît-il, mais nous n'avons guère gagné au change. Il est remplacé à cette heure par un bloc, roi effectif à plusieurs têtes ayant, pour la plupart d'entre elles, escaladé le pouvoir par la tromperie ou l'intimidation des électeurs inconscients. Ce bloc ne dit pas : L'Etat, c'est moi ! mais s'il ne prononce pas le mot, il le met en pratique en s'emparant de l'administration des richesses de la

France qu'il triture sans contrôle, comme Louis XIV. Quand il fait des largesses, il n'a pas grand mérite, puisqu'il prend dans nos poches ce qu'il lui faut pour cela. Si encore il rendait autant qu'il prend ! Pas du tout, il en reste toujours en route qui n'est pas perdu pour tout le monde et que le bon peuple qui l'a versé au fisc ne reverra plus.

Quand l'Etat annonce qu'il va donner cent sous, on peut être sûr qu'il en restera au moins cinquante en route. Exemple : l'*Assistance publique*, où la plus grosse part des ressources va au personnel ; et si les mutualités administrées gratuitement par de braves gens l'étaient par des fonctionnaires de l'Etat, — ça viendra peut-être — les indemnités des membres assistés seraient réduites d'autant. Il faut se garer le plus possible des griffes de l'Etat gaspilleur, quand il n'est pas voleur.

Quel maitre ! Il nous vend très cher du mauvais tabac et des allumettes qui ratent ; il ne nous permet pas de faire un mouvement, de boire, de manger, de nous éclairer, de faire n'importe quoi, du reste, sans que nous lui payions des droits élevés, et malgré cela il est dans les dettes à n'en pas sortir, contractant emprunt sur emprunt comme un commerçant en faillite. Le jour où le socialisme d'Etat serait décrété en plein, l'Etat, c'est-à-dire le bloc, possédant tout, et nous attendant de lui la portion

congrue pour vivre, nous risquerions fort d'avoir
le ventre creux, pendant que les blocards l'auraient plein. Et pourtant, petit à petit nous y
allons !

Aux élections de 1914, les promesses d'un
grand nombre de candidats, se disant socialistes, ont entraîné à voter pour eux une majorité d'électeurs qui, abusés par la piperie des
mots, y sont allés de confiance, sans savoir où
ils en seraient eux-mêmes le jour où le socialisme, soi-disant unifié, serait décrété pour de
bon. C'est pourtant ce qu'ils auraient dû faire.
Il est vrai que s'ils avaient posé la question
nettement, il leur aurait été répondu par des
balivernes. On leur aurait débité une série de
fadaises humanitaires et de billevesées paci-
fistes qui font bien en paroles, mais irréalisables
en action. On leur aurait probablement dit que
le socialisme engendrerait la fraternité univer-
selle des peuples, chimère que les socialistes
allemands se sont chargés de démontrer en
tirant ferme sur les Français socialistes ou
non, pendant la campagne de 1914-1917, et en
mettant les contrées, par eux envahies, à feu
et à sang, ruinant et fusillant aussi bien les
prolétaires que les propriétaires. Ou encore, on
les aurait renvoyés, ce qui est plus commode,
à l'édification de la cité future dont il a été
parlé si souvent, et sur laquelle il est bon de
s'expliquer.

L'édification de cette fameuse cité, sur les dispositions de laquelle ne sont nullement d'accord ceux qui prétendent en être les architectes, doit être précédée d'un chambardement général; c'est ce qu'il y a de plus clair.

Certains observent que, de nos jours, le socialisme n'est plus le rêve utopiste qu'il était sous Louis-Philippe, qu'il se réalise pratiquement et sûrement par étapes successives de lois habilement sériées, ayant pour point d'appui le mouvement syndicaliste.

Le mouvement syndicaliste! Parlons-en.

Les syndicats ouvriers ont été créés dans un but pratique et moral, pour la défense des intérêts économiques communs de leurs membres, afin de suppléer, en quelque sorte, à l'abolition des corporations ouvrières. Ils devinrent, sans tarder, une force que des politiciens avisés cherchèrent aussitôt et réussirent à accaparer au profit de leurs ambitions politiques. D'habiles meneurs surent les dominer et firent dévier le but louable de défense d'intérêts professionnels ayant présidé à leur fondation en un plan d'attaque d'intérêts patronaux. Au lieu d'une conciliation désirable et possible entre ces divers intérêts opposés, ce fut une déclaration de guerre, même de la part de beaucoup d'ouvriers largement salariés, éprouvant moins que d'autres le besoin d'améliorer leur condition.

Poussant les choses à l'extrême, les ouvriers

syndiqués en arrivent peu à peu maintenant à ne plus permettre à des ouvriers de même profession qu'eux de n'être pas syndiqués eux-mêmes. Sans doute, c'est un attentat à la liberté individuelle de chacun, mais qu'importe : le syndicat ou la faim ! quand ce n'est pas la mort, les grévistes assommant les non-grévistes.

De là, l'embrigadement volontaire ou forcé de la classe ouvrière dans le bloc syndicaliste, les violents y terrorisant les pacifiques, sous le haut commandement des chefs socialistes connus poursuivant la préparation du grand soir où la société actuelle aura vécu. Après cela on verra.

On verra d'abord que si la prospérité est le fait de ceux qui construisent, la ruine est le fait de ceux qui détruisent. Dès lors apparaîtra l'ère des difficultés inaugurée par la journée des dupes. — Sous ce rapport, voir plus loin ce qui vient de se passer à Milwaukee, en Amérique.

Sans doute ce sera une joie malsaine pour beaucoup d'ouvriers d'assister à la ruine du patron, pour une masse d'employés à divers titres de voir la chute de leurs supérieurs, en même temps que l'effondrement des sociétés dont ils dépendent, et aussi pour bien des paysans de jouir sournoisement de la dépossession de leurs propriétaires, mais une fois l'envie, la jalousie, la haine, tous ces mauvais sentiments satisfaits, qu'en un mot table rase aura été faite de la société actuelle, il faudra penser au lendemain.

———

C'est ainsi qu'on sera forcément amené à poser les fondements de la cité future, à savoir, selon les compères mangeant crûment le morceau, le rassemblement, le parquement, pour mieux dire, des unités socialistes, autrement dit de nous-mêmes, comme de bonnes bêtes de somme, dans de grandes exploitations où tous les corps d'état seront représentés, ce qui justifiera ce mot très vrai d'un sociologue : « Le socialisme sera une vaste prison nourrissant ses prisonniers », qui n'auront pas même à eux la chemise qui leur sera prêtée d'un blanchissage à l'autre ; surtout le socialisme d'Etat auquel nous tendons. — Il fera barboter la masse dans la grande auge communiste, dans l'immense baquet collectiviste sous l'œil et la trique d'un pâtre exigeant et dur : l'Etat, c'est-à-dire le bloc, puisque, par notre faute, l'Etat c'est lui, alors qu'il se gavera grassement dans l'assiette au beurre. Le socialisme se montrera ce qu'il est réellement : un régime de sans-patrie imposant le régime des sans-foyer, c'est-à-dire, d'après Herbert Spencer, le plus grand désastre que le monde ait connu.

Adieu les formes multiples de l'activité nationale découlant de la force de nos jeunes gens et de la grâce ingénieuse de nos filles, espoirs successifs de la France du lendemain. Adieu aussi la liberté individuelle, et gare aux gardes-chiourme dans lesquels le peuple en colère reconnaîtra, mais trop tard, ses entraîneurs de la veille!

Parmi tous ces dupés, le moins intéressant, parce que le plus jaloux, sera le petit propriétaire campagnard, le plus indépendant et le plus heureux des hommes, qui se sera fait socialiste dans l'espoir malhonnête d'ajouter à son lopin de terre une partie de la grande propriété attenante à la sienne. Quand le socialisme aura englobé dans la masse commune sa petite propriété comme la grande, il gémira, l'imprudent! mais trop tard, car, selon les journaux collectivistes, il ne sera fait qu'une bouchée de la petite propriété, attendu qu'elle est un obstacle à la propriété communiste.

En supposant même que l'Etat ne s'empare pas du fonds, il s'emparera à tout le moins du revenu par le moyen des nouveaux impôts votés ou en projet, d'après lesquels le propriétaire ne sera plus le maître absolu de son bien ; il aura un co-participant : l'Etat, qui augmentera sa participation à son gré. N'est-ce pas l'avis de M. Augagneur?

Cette variante n'est pas un palliatif, car, dans ce cas, le propriétaire, petit ou grand, s'il con-

serve son bien, aura la peine de le travailler
pour le profit de l'Etat, qui en percevra le revenu.
Dans leur profession de foi aux dernières élections, la plupart des candidats socialistes ont
dit : « Nous ne sommes pas des partageux. »
Naturellement, puisqu'ils veulent prendre le
tout ; du reste, la mainmise de l'Etat sur tant de
monopoles divers, les uns après les autres,
n'est qu'un acheminement à l'absorption totale
de la fortune publique.

Toutes les occasions sont bonnes à l'Etat pour
socialiser la fortune publique, et pour cela il ne
craint pas de détourner de leur but les mesures
les plus équitables par elles-mêmes.

Où en est en ce moment la loi sur les retraites
ouvrières, excellente en principe ? Par suite
d'abus scandaleux, pourtant dénoncés courageu-
sement au Parlement, mais aussi restés sans
sanction, elle sert à faire des rentes à bien des
gens qui en avaient déjà.

D'autre part, la guerre ayant créé une situation anormale dans le monde du travail, il y
avait lieu d'intervenir en faveur de ses membres
mis dans l'impossibilité de payer leur loyer,
comme en faveur des familles tombées dans le
besoin par suite de la mobilisation de leurs
chefs. — Une enquête à faire entre les locataires
solvables et insolvables, comme entre les familles dans l'aisance et celles sans ressources,
s'imposait donc. L'Etat ne la fit pas. — Par un

moratorium d'une portée générale, le paiement des loyers fut suspendu pour tous, et les baux considérés comme chiffons de papier. Quant aux allocations, elles furent accordées indistinctement à toutes les familles qui en demandèrent, même à celles jouissant d'une aisance manifeste.

Assurés ainsi d'être logés et nourris gratuitement, beaucoup refusèrent de gagner leur vie en travaillant, considérant l'Etat comme un distributeur de manne inépuisable ; de sorte qu'au lieu de faire une distribution de secours à propos, comme l'exigeaient la situation et l'équité, on créa une prime à la paresse, avançant de plus en plus dans la voie du socialisme d'Etat.

Un pas immense a été fait dans ce sens par l'impôt complémentaire sur le revenu. Cet impôt est équitable en principe, mais tel qu'il a été voté, c'est un rossignol officiel forgé par l'Etat à son usage pour inventorier de force par l'inquisition et l'arbitraire — d'autres diraient : pour cambrioler légalement — les coffres-forts et les vider à son gré. Pour le moment, ce projet n'est considéré — cela a été dit à la Chambre des députés — que comme une première étape atteignant simplement les riches, en attendant les étapes suivantes devant atteindre les commerçants, les employés, les ouvriers, les métayers, les petits propriétaires fonciers, victimes désignées pour demain.

Comme toujours, ils ne voudront le croire que lorsqu'il sera trop tard pour s'opposer au fonctionnement de ce socialisme d'État s'en prenant d'abord aux tiroirs ou aux bas de laine parcimonieux et prévoyants dépositaires de leurs économies, avant de fiscaliser leurs immeubles, ce qui viendra ensuite.

Qu'on ne crie pas à l'impossible ; il est si facile, aujourd'hui que la magistrature est gangrenée, a osé dire un ministre, de s'emparer du bien des gens sous prétexte de dévolution, ou d'attribution. Sous ce rapport, la loi de séparation a fait ses preuves, et on peut se demander ce que pourraient bien dire, après tout, tant de gens ayant souri au vol des biens des religieux, quand on aura aussi attribué, dévolué s'ils aiment mieux, — aujourd'hui ont dit nationalisé — les leurs.

Cette perspective n'ayant rien de réjouissant pour personne, sauf pour nos maîtres déclarant que l'État c'est eux, voyons donc ensemble, Français qui prenez la peine de réfléchir, d'autres systèmes socialistes.

Voici celui de Jean-Jacques Rousseau.

Il voulait le communisme, une sorte de vie en commun, à l'état de nature, comme dans les lapinières, où on serait plus animaux qu'humains. Sans doute qu'il n'y avait pas grand goût pour lui-même, puisqu'il vivait, et vivait bien, aux dépens de certaines familles riches, et se débarrassait de la charge de ses enfants en les jetant sur le pavé (aux Enfants trouvés). Tel est le rêveur dénaturé qui s'est permis de tracer aux autres un plan social qu'il s'est bien gardé de suivre pour lui-même.

Aimerait-on mieux le système de Proudhon ?

Il disait : Plus de propriété, c'est le vol ! Qu'en dites-vous, petits propriétaires ?

Plus de capital, c'est l'infâme ! Attention à ceux qui ont des économies !

D'après lui, tous les membres de la société devaient vivre en famille, sans autres capitaux que des instruments de production ; sans épargne, échangeant entre eux leurs produits. Ainsi, un quincaillier, ayant besoin de pain, pourrait payer son boulanger avec de la ferraille, et un pharmacien, ayant besoin d'une culotte, pourrait, en échange, offrir un purgatif à un tailleur.

Enfin, un beau jour, Proudhon, bien que socialiste bon teint, lança cette bonne vérité : « Il n'y a point de socialisme, il n'y a qu'une « coalition de charlatans, dont vous n'êtes tous « que de misérables dupes, le socialisme n'étant « que le dernier rêve de la crapule en délire. »

C'est au peuple qu'il s'adressait en disant

cela, prévoyant alors ce qu'il nous était réservé de voir actuellement.

————

Ce sont des folies, dira-t-on. Oh ! nous ne sommes pas au bout. Passons sur celles de Saint-Simon, de Considérant et beaucoup d'autres, pour parler seulement de certains systèmes ayant été expérimentés.

————

Owen, un Anglais, peut être considéré comme le fondateur du socialisme. Son moyen de le mettre en pratique était bien simple : plus de propriété, tout appartenant à une masse d'individus vivant en commun et travaillant, chacun selon ses forces et son industrie, la communauté devant pourvoir à leurs besoins. C'est à Nouvelle-Harmonie, — un bien joli nom — en Amérique, qu'eut lieu cet essai. Il fut aussi vite abandonné qu'entrepris, et tomba dans le ridicule.

————

Louis Blanc, membre du gouvernement provisoire de 1848, caressa un rêve socialiste, celui de combattre et écarter la misère en supprimant la concurrence, en établissant la solidarité et l'égalité des salaires et en donnant à chacun selon ses besoins, malgré l'inégalité du travail et du produit.

Sa prétention de renouveler ainsi le monde social et de porter remède à tous les maux de la société, aboutissait à n'établir aucune différence entre l'ouvrier habile et l'ouvrier maladroit, entre l'ouvrier laborieux et le fainéant. Ce système, dont l'absurdité et l'injustice ne se discutent pas, fut cependant expérimenté par la création des fameux ateliers nationaux où tout le monde était confondu dans un méli-mélo sans direction, sans soumission et sans responsabilité. En somme, ces ateliers ne furent qu'un prétexte à salaire sans travail. Leur fermeture s'imposa d'elle-même et ne se fit pas attendre longtemps.

Parlons de Fourier. — C'est l'inventeur de la doctrine sociale qui porte son nom : le fouriérisme, autre variété de socialisme. D'après lui, les maux de la société naissent des passions contrariées; il faudrait donc, pour avoir la paix sociale, laisser libre cours à leur émancipation, de sorte qu'on pourrait voir les patients exposés aux coups des violents et les fainéants vivre aux dépens des travailleurs.

Il entendait former, pour l'application de son système, des groupes d'individus dénommés phalanges. Chaque phalange, composée de nombreuses familles ayant un but commun et travaillant d'après leur goût, leur choix, leurs passions, devait habiter un vaste édifice : le phalanstère. Plusieurs d'entre eux furent établis en France, et tous échouèrent lamentablement. Parlons de l'un d'eux qui fut fondé en Bourbonnais.

Des utopistes de bonne foi — il y en a quelques-uns — y achetèrent, vers 1840, une grande propriété, dite de *Royer*, composée d'un château et de plusieurs fermes. Ils réunirent là, pour vivre en commun, selon Fourier, des hommes et des femmes de diverses conditions et professions, afin que la phalange puisse se suffire à elle-même. Ceux qui habitaient le château mangeaient à la même table, où devait régner la plus parfaite égalité; n'empêche qu'à un bout de cette table on s'offrait le champagne, alors qu'à l'autre bout on buvait la piquette. — Les femmes, sans maire, sans curé, sans divorce, changeaient de mari dans des conditions telles que des enfants auraient été une charge qu'on s'efforçait de supprimer le plus possible. C'était une vraie concurrence à la dépopulation.

Le travail de tous devait subvenir à l'entretien de la communauté. Les habitants du château, comptant pour vivre sur le produit des fermes, en faisaient le moins possible; d'autre part, les cultivateurs se disaient : « Nous serions bien bêtes de nous échiner pour nourrir les fainéants du château », de sorte que, comptant les uns sur les autres, personne ne travaillait. Aussi la débâcle ne se fit pas attendre. En quatre ou cinq ans tout fut dévoré, et les utopistes qui avaient fourni les fonds pour établir ce prétendu modèle de groupement socialiste, se retirèrent ruinés et traités de benêts.

Peu après, un ingénieur, un convaincu, très honnête homme au fond, M. H., vint habiter la même contrée pour faire du socialisme à sa façon. Il aurait voulu, en tant que positiviste et aussi partisan de Fourier, diviser, comme le recommandait ce dernier, le pays par grandes exploitations où tous les corps d'état seraient représentés. Sans mariage, hommes et femmes devaient vivre pêle-mêle, et quand une femme deviendrait mère, on lui enlèverait son enfant pour l'élever parmi la masse des autres enfants, sans qu'elle puisse le distinguer, afin d'obliger cette mère à les aimer tous sans préférence.

Ainsi, les enfants ne devaient connaître ni père, ni mère, et, d'autre part, aucun homme ni aucune femme ne pourrait se dire père ou mère de tel ou tel enfant ; tout cela afin que chacun se dévoue forcément à la communauté et non spécialement à tels ou tels de ses membres. Pour que le sens de l'égalité règne dans la communauté, tout le monde, hommes d'une part, femmes de l'autre, devait porter le même costume. En outre, personne ne devait passer d'une exploitation dans une autre sans permission. En somme, pas de liberté et aucune joie familiale : la vie animale, sauf qu'on marcherait sur deux pieds au lieu de le faire à quatre pattes.

Ce bon ingénieur n'a pas formé son groupement, mais il avait chez lui un assez nombreux personnel auquel il répétait souvent qu'il n'y avait ni Dieu, ni diable, et que l'homme après sa mort n'aurait aucun compte à rendre de ses actions bonnes ou mauvaises. Son personnel en tira cette conséquence toute naturelle : « Puisqu'il en est ainsi nous serions bien bêtes de nous gêner. » Alors, pour jouir au plus vite, il mit le feu à la maison de son bienfaiteur pour la dévaliser à la faveur du brouhaha. L'honnête utopiste qu'était M. H. quitta le pays à tout jamais.

C'est encore un système à écarter, n'est-ce pas ?

Eh bien ! voici une des plus sérieuses expériences modernes de socialisme à citer :

Au Paraguay. — En 1893, il y eut une grande crise industrielle en Australie. Peu habitués à souffrir d'un semblable état de choses, les ouvriers accusèrent la société de leur malheur. Entichés de théories socialistes importées d'Europe par quelques-uns d'entre eux, ils résolurent de fonder une société collectiviste afin d'y trouver le bonheur. Des statuts furent vite rédigés. On y lisait : *Attendu que la vraie liberté et le bonheur sont impossibles tant que les travailleurs vivront sous la dépendance des patrons* (c'est un refrain connu), *désormais on vivra en commun, hommes et femmes travaillant pour la communauté.*

Le gouvernement du Paraguay, en Amérique du Sud, leur abandonna, en toute propriété, pour y pratiquer le socialisme, une concession de 100 lieues carrées au long d'une rivière, à charge par eux de la peupler en trois ans de 4.000 à 6.000 âmes, et une souscription ouverte à cet effet rapporta 30.000 livres sterling.

On partit en chantant — parbleu, on avait de l'argent en poche ! — et on arriva en septembre 1893.

Il fallut cependant se mettre à la besogne ; mais dès qu'un membre un peu raisonnable proposait de s'organiser, parlait de direction, il était aussitôt rabroué.

Comment, lui criait-on, obéir alors à une espèce de patron ? Donc, il n'y aurait plus d'égalité ?... Jamais !

Après des discussions orageuses, on finit tout de même par prendre des chefs, des directeurs, et naturellement le choix se porta sur des *Jaurès* quelconques ayant plus de bagout que d'expérience. On s'aperçut bientôt que la blague avec laquelle ils pulvérisaient, en réunion, le capital et la propriété, le patron et le propriétaire, ne suffisait pas pour mener l'entreprise à bien. La réalité prenait la place du rêve socialiste.

Les statuts proclamaient l'abolition de toute autorité, les directeurs s'arrogèrent néanmoins des droits souverains en toute matière.

Bien qu'en principe, dans les statuts, l'égalité des salaires et le droit pour chacun de vivre sur les biens de la collectivité fussent posés, les directeurs s'empressèrent d'expulser, *sans indemnité*, les incapables et les inutiles. — Au diable la solidarité, qu'ils crèvent de faim, au besoin ! — Et, plus durs que les plus exigeants des patrons, ils s'entourèrent d'une forte police, comme dans les vieilles sociétés bourgeoises.

La brouille, les divisions, les querelles, l'absence de liberté, faisaient de cette communauté un véritable enfer.

Il y eut scission. Un groupe reconnut l'autorité tyranique des directeurs et accepta de subir leur joug ; d'autres se déclarèrent dissidents.

Plongés dans une affreuse détresse, ces colons voulaient retourner au pays natal, en Australie. Alors intervint le gouvernement du Paraguay. Une concession leur fut accordée dans le gouvernement de Gonzalès. La fraction dissidente de la colonie s'y établit et prospéra, en abandonnant les funestes principes du socialisme et en vivant et travaillant comme *autrefois, sous le vieux régime de la propriété personnelle.*

De scissions en défections, quelques mois après le débarquement en Amérique, l'expédition se trouva scindée en trois fractions.

En septembre 1894, vingt-cinq membres dissidents débarquèrent à Buenos-Ayres et furent recueillis par la bienfaisance publique. Ils affirmaient que si leurs camarades restés là-bas avaient des moyens de rapatriement, il n'en resterait pas 25 pour cent.

Dégoûtés à tout jamais du socialisme, ils proclamèrent qu'il avait fait là-bas la banqueroute la plus lamentable.

Voilà une expérience complète, topique et peu engageante à renouveler, n'est-ce pas ?

Eh bien ! une plus récente encore vient d'être faite, également en Amérique. Elle est d'autant plus intéressante qu'elle résume l'application du programme socialiste des unifiés de France.

Au Wisconsin. — Les électeurs collectivistes — car collectivistes ou socialistes, c'est blanc bonnet ou bonnet blanc — de la ville de Milwaukee, dans le Wisconsin, en livrèrent l'administration, en avril 1910, à un des leurs nommé Seidel. Aussitôt y fut décrété une sorte de socialisme d'Etat, car tout fut monopolisé par le parau pouvoir. Dès lors, plus de commerce, plus d'industrie privée. Tout le monde fonctionnaire !

La paresse était à l'ordre du jour et devint une sorte de maladie sociale, de sorte que les hôpitaux regorgèrent de monde, *chacun n'attendant plus sa subsistance que de la municipalité.*

Une armée de vingt mille fainéants parcourait la ville, semant le désordre, et les habitants ayant encore quelques ressources s'empressèrent de fuir.

Revenus au bon sens, les électeurs jetèrent enfin à la porte la bande socialiste Seidel et Cⁱᵉ et jurèrent, un peu tard, — car bien des ruines étaient à relever — qu'on ne les y reprendrait plus.

Les échecs de ces divers essais n'ont rien d'étonnant. Les socialistes qui rêvent de mettre tout en commun devraient comprendre qu'alors, si la masse possède, les membres qui la composent, étant individuellement dépouillés de tout, perdent le sens de la propriété. Ne sachant plus ce que c'est que d'avoir, de posséder, n'ayant plus, par suite, un intérêt direct et personnel à la conservation des choses, ils les laissent péricliter avec une indifférence qui s'explique : ce qui est à tout le monde n'étant à personne.

C'est une des causes qui empêcheront toujours

le socialisme d'être pratique et qui a hâté la débâcle de tous les essais qui viennent d'être. rapportés.

Certains ouvriers instruits de ces échecs diront sans doute : « Notre idéal n'est pas de vivre en « communauté, mais de supprimer simplement « le patron dans les ateliers, les industries, les « entreprises quelconques et d'en prendre nous- « mêmes l'exploitation et la direction, afin de « nous en assurer les bénéfices.

« Le passé nous a assagis, nous ne jouons pas « sur un coup de dés cette grosse partie qu'est la « révolution sociale ; nous procéderons, ou plu- « tôt, nous procédons déjà par étapes. Le syndicat « nous livre le recrutement du personnel et la « formation des apprentis ; les actions de travail « nous introduiront tout à fait dans la place d'où, « par le vote, nous chasserons bientôt toutes les « supériorités.

« Maîtres alors des instruments de travail, « rien ne nous gênera plus pour la construction « de la cité future. »

C'est bientôt dit. Certes, il n'est pas défendu — au contraire! — de vouloir l'amélioration de son sort, à la condition cependant d'être loyal et pratique. A l'ouvrier qui espère tout du socialisme, prétendu assagi, il est facile de répondre :

« Mais, mon ami, le genre de socialisme que « vous préconisez, c'est-à-dire la substitution « des ouvriers à leurs patrons dans la direction

« et même la propriété des entreprises où ils
« sont employés, n'est pas chose nouvelle. Il a été
« expérimenté, et ses résultats ont été de deux
« sortes :

« Ou bien, les ouvriers ont entendu poursuivre
« une exploitation en commun, maintenant entre
« eux une prétendue égalité d'action, c'est-à-dire
« ne pas admettre la supériorité quelconque de
« l'un d'eux, chacun pouvant cependant émettre
« son avis que d'autres se réservaient de contre-
« dire, d'où divisions, discussions, travail insuf-
« fisant et débâcle de ce genre de socialisme ; ou
« bien un ouvrier, voire même un groupe d'ou-
« vriers intelligents, habiles, doués de volonté, de
« fermeté, ont su s'imposer à leurs égaux dans
« une exploitation et y exercer une sévère auto-
« rité directive, d'où alors résurrection d'un
« patronat plutôt dur, et faillite du socia-
« lisme. »

Voici des exemples : aux intéressés d'en apprécier l'application d'après les résultats acquis :

La mine aux mineurs. — Qui n'a entendu
parler de la mine aux mineurs, ayant fait le
sujet de tant d'articles de journaux ?

A Monthieux, près Saint-Etienne, une mine,
dite de Monthieux, était, avant 1891, exploitée
par un groupe d'actionnaires. A la treizième

couche, l'exploitation devint si dispendieuse que les intéressés liquidèrent l'affaire en vendant la mine.

Un syndicat de mineurs voulut profiter de l'occasion pour en devenir propriétaire, mais il lui manquait le capital nécessaire, l'infâme capital contre lequel il est d'usage de vitupérer dans les réunions publiques.

Un Stéphanois philanthrope, flairant là l'occasion de se faire des partisans politiques, obtint que M. Marinoni, le grand fabricant de machines à imprimer, mit 50.000 francs dans l'affaire. La mine fut adjugée pour 10.000 francs au syndicat, qui cria victoire.

Le syndicat commença par se montrer ingrat : d'abord en écartant le Stéphanois qui avait procuré les fonds Marinoni, et aussi à l'égard de M. Marinoni lui-même, en préférant donner au puits acquis une appellation rappelant les noms des chefs du parti socialiste : Basly, Lamendin et autres qui ne lui avaient rien fourni, plutôt que celui de Marinoni auquel il devait tout.

L'exploitation fut précédée d'un banquet où on porta aux nues le triomphe du syndicat *sans patron*, et où l'on dit son fait au capital, tout en se servant de celui de Marinoni.

Les débuts furent assez heureux, parce qu'on exploita à fond certains affleurements ayant été négligés jusqu'ici, et, les commandes arrivant, le syndicat embaucha des mineurs auxiliaires en leur affirmant qu'en bons socialistes aussi, ils seraient sur le même pied que les membres du syndicat propriétaire de la mine. Du reste, c'est écrit, leur dit-on, en leur montrant un registre où ils apposèrent leurs signatures.

Quand ces auxiliaires, payés à la journée, réclamèrent leur part de bénéfices, on les envoya promener. Les soixante-deux membres du syndicat étaient devenus autant de mauvais patrons. Pour eux, ce qui avait été bon à prendre était bon à garder. Un procès s'ensuivit, mais les auxiliaires le perdirent, parce que le registre contenant les fameuses conditions annoncées portait, contrairement aux promesses faites, que ces pauvres diables n'auraient aucune part aux bénéfices. Se tromper ainsi entre camarades socialistes est un comble.

Les affleurements de la mine s'épuisant, il aurait fallu, pour continuer son exploitation avec profit, des capitaux, toujours l'infâme capital, mais rien ne vint. L'Etat, sollicité de subventionner le syndicat, fit la sourde oreille.

La mine fut remise en vente comme vieux fers et les sociétaires, redevenus simples ouvriers mineurs comme avant, furent obligés de s'embaucher ailleurs, ayant compris sans doute, en bons socialistes conscients cette fois, que, dans toute entreprise, il faut non seulement des capitaux, mais une direction responsable, sous peine de faillite.

Cette déconvenue n'a étonné personne ; si encore elle avait éclairé les ouvriers qui en ont été les victimes !

A Rive-de-Gier. — Précédemment à l'échec de Monthieux, une mine inondée, située à Rive-de-Gier, avait été cédée gratuitement à des mineurs. Pour l'exploiter par eux-mêmes, ils écoutèrent, au début, les avis de gens expéri-mentés, puis ne voulurent faire qu'à leur tête, sans chef, sans direction responsable, et se trou-vèrent acculés par suite de luttes intestines à vendre la mine, mise en état par eux, à une compagnie du bassin. — Autre faillite.

Après les mines aux mineurs, parlons des verreries aux verriers.

Verrerie ouvrière d'Albi. — A la suite d'une grève survenue parmi les ouvriers de Carmaux, leur patron, M. Rességuier, estimant qu'elle était injustement suscitée, congédia un certain nombre de grévistes : les plus turbulents. Ceux-ci résolurent donc de fonder une verrerie ouvrière bien à eux et sans patron.

Jaurès, Charpentier et autres coryphées socia-listes, toujours prêts à donner plus facilement de la voix que de l'argent, s'entremirent, et c'est à

Albi que se fixèrent les ouvriers renvoyés de Carmaux, pour y réaliser leur rêve socialiste.

Leurs débuts furent intéressants, heureux même. Soit avec leur quote-part des réserves du syndicat ouvrier dont ils faisaient partie à Carmaux, soit avec les fonds provenant d'une collecte faite à domicile à Albi et d'un don important de cent mille francs de la part d'une dame philanthrope, ils purent, à force de sacrifices, de privations même, et encore en faisant appel à leurs frères de France, établir la verrerie ouvrière projetée dont la fondation remonte à 1895.

Jusqu'ici rien à dire, le désir d'être indépendant, autant que possible, étant tout naturel.

Les ouvriers fondateurs, il est juste de le reconnaître, prirent beaucoup de peine au début et eurent un certain mérite. En principe, l'égalité la plus parfaite et la plus fraternelle devait être pratiquée entre les associés, autrement dit les salaires devaient être unifiés. — Cet esprit de solidarité et d'abnégation ne dura qu'un temps. Il fut débordé par suite de la nécessité où ceux qui entendaient le pratiquer furent contraints d'adjoindre au personnel primitif, pour suffire aux commandes, d'autres ouvriers, socialistes à tous crins.

Le socialisme devait, dès lors, faire des siennes à Albi comme ailleurs ; c'est ce qui arriva.

Les choses allèrent tant bien que mal pendant quelques années, puis, une grève éclata comme à

Carmaux. — L'égoïsme était devenu à l'ordre du jour : gagner le plus possible et travailler le moins possible, tel était le dernier mot du régime socialiste à Albi, alors que les premiers fondateurs se trouvaient délaissés et finissaient leurs jours dans la souffrance. Souffrance d'autant plus aiguë que la proposition faite par les plus clairvoyants d'entre eux d'ouvrir des cours de morale et de civilité pour les jeunes verriers fut repoussée par la masse.

Touchant exemple de fraternité socialiste !

Le personnel s'était peu à peu hiérarchisé, avec un directeur en tête, comme jamais M. Rességuier ne l'avait fait chez lui. — Plus d'unification dans les salaires — : les souffleurs pouvaient gagner jusqu'à 12 et 14 francs par jour, mais leurs aides : 3 francs, et les femmes environ 25 sous.

Les choses en arrivèrent à un point tel que le directeur, M. Spinetta, un socialiste pourtant, écœuré lui-même, fit part au camarade Dherbécourt, président du conseil d'administration de la V. O. d'Albi, de son intention de cesser ses fonctions de Directeur général par une lettre où il dit :

« *Le personnel de la verrerie ouvrière est*
« *bien collectivement inapte au patronat et au*
« *socialisme ; les bas instincts, la haine, la*
« *jalousie de tous ceux qui le dépassent, ont*
« *détruit en lui tout esprit de discipline.* »

Et il conclut que, pour éviter la ruine de la
verrerie, deux solutions s'imposaient: la dictature
ou la fermeture.

Quel réquisitoire, visant moins les personnes
que le système socialiste! Finalement M. Spinetta donna sa démission.

Pour se faire une idée des tiraillements exis-
tant alors entre le personnel de la verrerie, il n'y
a qu'à lire le factum publié en 1913, par l'un
d'entre eux, avant la démission du directeur Spinetta. Ce dissident, déclarant qu'il est contre
tous les arrivistes, et en particulier contre ceux
d'Albi, dit entre autres choses intéressantes :

« La preuve que je suis contre eux, c'est
« qu'aujourd'hui je me trouve encore sur le pavé,
« pour n'avoir pas voulu m'associer à votre en-
« graissement à tous, à votre embourgeoisement;
« car toi (c'est à Delzant, secrétaire de la fédéra-
« tion des verriers qu'il s'adresse), comme eux,
« tu as l'air et les manières d'un bon bourgeois
« et tu profites de la simplicité des ouvriers. Je
« suis ici et comme toujours contre ceux-là. Toi,
« au contraire, tu les soutiens, parce que leurs
« intérêts sont les tiens, parce que comme eux
« tu vis et tu t'engraisses de la sueur, des souf-
« frances, des sacrifices et de la bêtise de nous
« tous verriers, parce qu'indirectement tu diriges
« aussi cette œuvre du prolétariat par tes rensei-
« gnements et jugements mensongers que tu
« donnes dans la *Voix des verriers,* — œuvre

« du prolétariat — où le vrai prolétariat ne trouve
« que misère, souffrances, privations, sacrifices
« et déceptions, et où les vrais militants aussi ne
« trouvent pas de place.

« Tu dis ensuite, en t'adressant à moi : —
« Inflammation de jaunisse. — Ah ! diable !
« Parce que je ne veux plus vous suivre aveuglé-
« ment, parce que je me révolte contre vos injus-
« tices, contre votre exploitation des ouvriers,
« parce que je veux dire la vérité sur toi et tes
« confrères de la V. O. pour renseigner tous les
« ouvriers, pour cela je suis un jaune ? Eh bien,
« je préfère encore de beaucoup cela, que de sup-
« porter plus longtemps votre joug à vous tous et
« l'humiliation dans laquelle vous tenez les ver-
« riers en général, et ceux de la verrerie ouvrière
« en particulier.

« Une triste constatation, mais vraie. C'est
« que la goutte d'eau qui manquait pour faire
« déborder le vase, je suis venu la chercher à la
« verrerie ouvrière, en constatant que rien n'est
« changé dans celle-ci, et qu'il n'y a aucune
« différence avec les verreries patronales, au con-
« traire. »

Et c'est signé :

BERNARD EDOUARD,

Ancien verrier et fondateur de la verrerie
ouvrière, retiré pour n'avoir pas voulu y
faire le communisme bâtard que l'on y
fait.

En remplacement de M. Spinetta, un nouveau directeur, M. Viala, fut choisi. On se demandait s'il mettrait un terme à la guerre que se font les verriers sans patron, lorsqu'on apprit son départ.

En juillet 1914, prié de reprendre ses anciennes fonctions, M. Spinetta a accepté à titre provisoire, après avoir fait aux administrateurs de la verrerie d'Albi la déclaration suivante :

« Je veux bien retourner à Albi comme ingé-
« nieur, mais je ne vous cache pas que je rentre
« à la verrerie un peu meurtri... Ma foi socia-
« liste s'est, au dur contact des réalités, un peu
« émoussée. Je ferai de mon mieux pour assurer
« la prospérité de la verrerie. Je souhaite de
« tout mon cœur de ne point rencontrer à l'ave-
« nir l'hostilité sourde de socialistes dont le
« premier devoir eût été de me soutenir. »

Ayant déjà vu le socialisme à l'œuvre, M. Spinetta n'y avait plus foi, et à juste titre il s'en méfiait.

Il ne consentit à reprendre ses anciennes fonctions qu'avec pleins pouvoirs pour administrer la verrerie d'Albi comme M. Rességuier administrait la sienne à Carmaux. Ce n'était vraiment pas la peine de changer de régime pour en arriver là.

Comme à Albi. — Voici ce qu'ont publié les journaux en novembre 1913.

A Choisy-le-Roy avait été installée, il y a six ans, une verrerie ouvrière exploitée de la même façon que celle d'Albi. Pas plus que cette dernière elle ne prospéra, et les administrateurs, délégués par les ouvriers, durent prendre des mesures de rigueur contre leurs camarades.

Des grèves s'ensuivirent qui ne firent qu'aggraver la situation. Il y a six mois, le gouvernement accorda une subvention de 170.000 francs à l'établissement. Cet argent fut englouti sans résultat, puisque hier, à bout de ressources, la verrerie a dû fermer ses portes. Tous les feux sont éteints et les ouvriers congédiés.

En Italie. — Le récit de la commotion socialiste qui a ébranlé en 1914 deux provinces italiennes, l'Emilie et les Marches, a sa place tout indiquée ici.

Acquises aux doctrines socialistes, — celles qu'après tout professent, en France, tant de députés ayant suborné leurs électeurs en en développant le programme au cours de leurs campagnes electorales — ces deux provinces ont cru devoir profiter des troubles provoqués par une grève pour passer de la théorie à la

pratique, c'est-à-dire se constituer en répu-
bliques communalistes socialistes. Rompant
avec le pouvoir siégeant à Rome, elles prirent
des mesures pour s'administrer elles-mêmes,
se livrant ainsi à une expérience sociale dont
les autres provinces italiennes profiteront cer-
tainement pour ne pas les imiter.

Pour beaucoup, république et socialisme ne
font qu'un, c'est-à-dire un état de choses syno-
nyme de bamboche, de désordre et de persécu-
tion. Aussi, là-bas, dans plusieurs localités,
nombre d'habitants désignés comme « suspects »
furent-ils emprisonnés, tandis qu'on pillait leurs
biens. Des troupes envoyées sur les lieux eurent
raison, il est vrai, des socialistes, mais que de
désastres à réparer !

Un député italien, M. Vinai, a visité les para-
ges les plus éprouvés, c'est-à-dire Ravenne,
Mezzano, Villanova, Alphonsine. Il déclare que
l'aspect de ces régions est plus impressionnant
qu'il ne pourrait l'être après un tremblement
de terre : les églises, les gares, les mairies ne
sont plus que des amas de décombres. Beaucoup
de propriétés particulières, petites et grandes,
ont été incendiées, des ponts ont été brûlés, des
casernes détruites. Aux destructions furent
ajoutées les confiscations. Les comités chargés
d'établir le régime socialiste firent main basse
sur les magasins à blé et sur les expéditions de
volaille dans les gares, et le tout fut vendu à

vil prix. *Encore un mois, et c'eût été la mort et la ruine des paysans, qui cependant acclamèrent ce régime à son début.*

C'est le cas d'appeler tout spécialement l'attention des paysans français sur le sort des paysans italiens qui voulurent tâter du socialisme.

Ces bons paysans de France qui, avec raison, mettraient toute la gendarmerie en branle pour saisir au collet celui qui leur volerait l'argent d'une vache ou d'un cochon, ont, pour un trop grand nombre, prêté une oreille complaisante à des candidats socialistes promettant du bien à ceux n'en ayant pas, et l'agrandissement du leur à ceux en ayant déjà, par le dépouillement, au moyen d'un vol légal ou non, — le mot n'y fait rien — de ceux en ayant plus qu'eux.

Si le côté malhonnête de ces promesses ne les a pas touchés, ce qui est triste, leur intérêt particulier aurait dû les faire réfléchir. Ils auraient dû demander à ces candidats prometteurs, ayant pour beaucoup, une fois arrivés, échangé, par le moyen de la politique, leurs paletots étriqués contre des fourrures de prix, et leurs bicyclettes contre de confortables automobiles, s'ils consentiraient eux-mêmes à s'en dessaisir au profit de ceux qui n'en ont pas, et ils auraient été fixés sur ce qu'ils peuvent atten-

dre de leurs élus promettant si facilement le
bien des autres tout en gardant le leur.

Les paysans, électeurs socialistes confinés
dans leur égoïsme, se sont dit : « Nous pouvons
« toujours voir ce qu'il en adviendra, si on nous
« enrichit, tant mieux, si on ne nous enrichit
« pas, nous serons après comme avant; allons-y
« donc, car nous ne courons aucun risque. »

Ah ! vous croyez ne courir aucun risque en
poussant au socialisme? Si, un jour de malheur,
le socialisme en France, déjà décrété peu à peu
en détail, l'est en bloc, des comités révolution-
naires comme en Italie, ou l'Etat lui-même s'emparant peu à peu comme il le fait de la fortune
publique, ne feront qu'une seule et même masse
de vos petites propriétés comme des grandes;
tout sera englobé dans le collectivisme, fatal et
dernier terme du socialisme, et vous serez ruinés, comme le sont aujourd'hui la plupart des
paysans de l'Emilie et des Marches.

Telle est la vérité.

Au récit de ces essais infructueux, certains
ouvriers, ayant honnêtement foi dans le socialisme pour l'amélioration sociale de leur existence, seront peut-être pris de découragement.
Ils auraient grand tort. Le problème de cette
amélioration sociale doit être résolu, et peut

l'être, non par le socialisme, mais par la paix et la justice sociales.

Ce sont là des mots inconnus pour un grand nombre, attendu qu'on ne les prononce pas dans les réunions tumultueuses fréquentées par la plupart d'entre eux, où des finauds, parlant beaucoup pour ne rien dire de sensé ni de pratique, excitent avant tout leurs auditeurs au renversement de l'ordre établi, — établi chez les autres surtout, plutôt que chez eux.

Ces entraîneurs socialistes sont de deux sortes : arrivistes et arrivés.

D'après les arrivistes, la question sociale ne peut être résolue que par des moyens violents; le peuple les croit et les porte au pouvoir pour cela. Quand le tour est joué, ce sont des arrivés, bientôt nantis d'honneurs et d'argent, ne lâchant rien de ce qu'ils doivent à la faveur populaire et penchant pour l'apaisement. S'ils jettent au peuple un os à ronger, ils le prennent dans le charnier de l'Etat, et comme ce charnier est entretenu par le peuple, c'est en somme dans ses poches qu'ils prennent pour lui faire des générosités.

On pourrait citer ces bons apôtres les uns après les autres et montrer qu'ils sont tous taillés sur le même patron ; ils ne diffèrent entre eux que sur les moyens de satisfaire leurs ambitions et de se jouer des tours pour s'enlever réciproquement les maroquins ministériels. Certains cependant sont plus particulièrement typiques sous ce rapport, ayant fait du socialisme une carrière fructueuse dont ils peuvent se retirer après fortune faite et mise à l'abri.

Suffisamment désignés par l'opinion publique, il est superflu de les nommer ; toutefois, comme exemple des plus démonstratifs sous ce rapport, il convient de parler du fameux Bebel, socialiste allemand.

S'est-il assez joué de son parti ? — Entré dans la politique alors qu'il était apprenti tourneur, Bebel laisse, d'après la déclaration faite, en suite de son décès, par ses héritiers à Zurich, une fortune de *un million sept cent mille francs*. Voilà ce qu'il a gagné à tourner des phrases socialistes pour abuser des prolétaires, au lieu de tourner des barreaux de chaise. Il est d'ailleurs à remarquer que presque tous les grands chefs socialistes sont riches Ils promettent bien le capital des autres ; quant au leur, défense d'y toucher ! Si le socialisme, montant la tête à beaucoup, les pousse à la haine du travail, il n'en fait pas moins des rentes à ceux qui l'exploitent et dont le but se trouve atteint.

Comme l'Allemagne, la France a ses Bebels.

Oui, d'utiles réformes peuvent être accomplies par la justice sociale, mais non par le socialisme.

En quoi diffèrent-ils ? Deux mots suffiront pour le faire comprendre :

Voici un immeuble occupé par de nombreux locataires se plaignant qu'il est incommode sous divers rapports. Si on consulte un socialiste et un partisan de la justice sociale sur ce qu'il conviendrait d'y faire pour donner satisfaction aux locataires, le socialiste, chambardeur par nature, proposera, ni plus ni moins, la démolition immédiate de l'immeuble et son remplacement par un autre devant offrir, selon lui, toutes les commodités désirables : une vraie cité future. — Le partisan de la paix sociale dira au contraire : « Si on détruit brusquement l'immeuble en ques- « tion, les locataires coucheront à la belle étoile « en attendant qu'un autre, qui ne sera probable- « ment pas parfait, le remplace. Il n'y a pas que « des inconvénients dans celui qui existe, utili- « sons donc les parties bonnes et changeons les « autres sans mettre les occupants dans la rue. « Ce sera pratique, économique, et assurément « sans mécompte. »

Eh bien, le socialiste est disposé à traiter la société comme il traiterait l'immeuble en question.

La justice sociale, comme la paix sociale, car les deux se confondent, a ses apôtres, mais la mauvaise foi s'en mêlant, on leur attribue en général des opinions politiques impopulaires, empêchant le peuple d'apprécier sainement l'idéal auquel ils se dévouent.

Un des plus marquants, et d'un esprit méthodique des plus caractérisés, sous ce rapport, fut, sans contredit, l'économiste Le Play. Qui donc parmi les ouvriers connaît ce qu'a fait Le Play et continuent à faire après lui tant d'hommes dévoués à la *Réforme sociale* dont il est l'auteur ? Il est vrai qu'il fit de l'accord social par dévouement, sans viser à la députation, alors que tant d'autres font du désaccord social pour arriver à la députation, ce qui explique tout naturellement l'oubli du premier et la bruyante renommée des autres.

Le Play, ingénieur distingué, fut à ce titre chargé d'un double service qui lui occasionna de longs voyages scientifiques. Très observateur par nature, il n'examina pas seulement l'art métallurgique pour lequel il allait en mission, sous ses rapports les plus directs, mais il étudia aussi la manière de vivre des familles ouvrières des divers pays où il séjourna, dans tous les détails de leurs travaux, de leur vie domestique et de leur condition morale. Cela lui permit, après vingt-cinq ans de voyages et de travaux, de combattre sûrement l'ignorance et l'utopie, en leur opposant l'expérience et l'observation.

Il consacra spécialement sa vie à travailler en éclairant les esprits, en rapprochant les hommes, en opposant des faits positifs aux déclamations vides des socialistes, ainsi qu'il résulte des divers ouvrages qui lui sont dus, tels que : *La Réforme sociale en France, l'Organisation du travail l'Organisation de la famille, les Ouvriers européens*, etc., etc.

Le cadre restreint de cet opuscule ne permet pas de s'étendre, comme il serait intéressant de le faire, sur l'œuvre considérable à laquelle s'est dévoué Le Play pour asseoir expérimentalement la paix sociale en désarmant le travail et le capital de leurs malentendus. De cette œuvre admirable devaient ressortir certaines règles à observer entre tous pour atteindre le noble but visé par l'auteur, règles formant pour ainsi dire un code social. En effet, et personne ne fut surpris, Le Play tout le premier, que ce code social dans son essence, se confondait, pour ainsi dire, avec le Décalogue, ce qui prouve qu'en remontant à leur origine, on constate que nos dissensions et nos malheurs sociaux sont causés par l'inobservance du Décalogue. C'est une vérité que M. Clémenceau, pourtant ennemi du catholicisme, a traduite par cette remarquable pensée dans son journal *La Justice :* « Supposez les « chrétiens de nom, chrétiens de fait, et il n'y a « plus de question sociale. »

Après avoir fait franchement ces déclarations aux ouvriers espérant tout du socialisme, il convient de leur prouver par des faits que la justice sociale n'est pas un idéal irréalisable, un songe creux, en les introduisant, un peu malgré eux peut-être, dans certains établissements industriels où, par la justice et la paix sociales qui y règnent, sont assurés aux ouvriers tous les avantages matériels et moraux auxquels ils ont légitimement droit et résultant de l'accord mutuel du capital et du travail, jamais troublé par de malencontreuses grèves.

Les socialistes se gardent bien de parler de ces exemples qui sont la réfutation sans réplique de leurs théories. C'est le cas de le faire en disant quelques mots de quatre maisons seulement, — Dieu merci, ce ne sont pas les seules à citer — prises parmi les plus importantes : la maison **Laroche-Joubert** d'Angoulême, la maison **Mame** de **Tours**, la maison **Harmel** au **Val-des-Bois** (Marne) et la maison **Marcellot** (Hte-Marne), dont les patrons sont, au vrai sens du mot, des protecteurs paternels n'ayant rien de commun avec des exploiteurs sans conscience jouant aux socialistes.

Entrer dans les détails de l'organisation sociale de chacune de ces maisons serait on ne peut plus intéressant, mais aussi serait sortir des limites d'un bref exposé. A l'appui de la théorie qui en fait le fond, suffiront les indications générales suivantes :

Maison Laroche-Joubert. — Voici d'abord la déclaration faite par M. Laroche-Joubert père, fondateur de la papeterie coopérative d'Angoulême :

« L'amélioration morale et matérielle du sort
« du plus grand nombre a toujours été le but de
« mes persévérants efforts. »

La mise en pratique de cette déclaration se traduit par la participation aux bénéfices de la maison résultant de l'association du travail, de l'intelligence directrice et du capital.

D'après les statuts sociaux, art. 27, les bénéfices nets sont répartis entre les trois facteurs de la production associés, dans la proportion suivante :

25 %, soit un quart, au capital ;

25 %, soit un quart, aux gérants et au conseil de gérance ;

50 %, soit deux quarts, aux coopérateurs, c'est-à-dire au travail.

Répartition des bénéfices (art. 1).

La part des bénéfices nets de la papeterie coopérative d'Angoulême attribuée aux coopérateurs est répartie entre eux proportionnellement à *leur salaire, à l'ancienneté de leurs services*, et à *l'importance de leur emploi*.

Tous les travailleurs ayant atteint l'âge de 18 ans, admis dans les usines, ateliers, comptoirs et dépôts de la maison, à titre permanent, participent à la répartition de ces bénéfices, à partir de l'exercice commercial qui a suivi l'époque à laquelle ils sont entrés au service de la maison.

En outre :

En cas d'augmentation du capital social, tout coopérateur, c'est-à-dire tout ouvrier, peut être admis à souscrire une ou plusieurs des parts de capital offertes par la gérance. Il devient ainsi associé de la maison et co-propriétaire de l'avoir de la papeterie coopérative d'Angoulême. Il en partage alors les chances bonnes ou mauvaises, comme tous les autres associés, en proportion de la somme pour laquelle il a été admis à cette participation au capital. Pour la vérification et le contrôle des inventaires, il a été créé un conseil coopératif, dont peuvent faire partie les coopérateurs, c'est-à-dire : ouvriers, hommes ou femmes, élus à cet effet.

En sus de ces avantages, des fondations et œuvres patronales diverses ont été annexées à la papeterie coopérative d'Angoulême. Les principales concernent : *la maternité et l'enfance : crèches et garderies, l'œuvre des mères nécessiteuses; la situation des coopérateurs sous les drapeaux; les secours aux vieux coopérateurs sans ressources; les sociétés de secours mutuels; les accidents du travail; le prix du pain.*

Maison Mame. Né en 1746, Charles-Pierre Mame fut le père de l'honorable et remarquable lignée qui fonda à Tours et y dirige encore le vaste établissement littéraire et typographique appelé parfois le « *Creusot du Livre* ». La chronique historique de cette maison montre comment une même idée peut persévérer pendant près de deux siècles chez les membres d'une famille à travers les déboires, les coups de fortune et les révolutions.

Armand Mame fit cette honorable déclaration : « *Nous ne publierons que de bons livres.* » Et Alfred Mame, qui mourut en 1893, à 82 ans, put dire sur son lit de mort : « *Ce qui me ras-* « *sure, c'est de n'avoir jamais imprimé une* « *ligne qui n'ait été destinée à faire du bien.* »

Assurant aux ouvriers, tout à la fois, les commodités du travail, l'air et la lumière, au moyen d'une installation matérielle de premier ordre, MM. Mame pensaient aussi à leurs âmes. Ils s'efforcèrent d'abord de former une génération ouvrière qui fût de Tours, et d'arriver un jour à avoir pour ouvriers leurs anciens apprentis et les seuls enfants de la maison.

Par suite d'une excellente organisation du travail, les veillées et le chômage sont inconnus dans la maison, et rien n'est jamais venu troubler l'harmonie et l'entente du patron avec ses collaborateurs.

Au point de vue social, MM. Mame ont été des précurseurs. Leur œuvre a été le premier essai tenté d'union entre le capital et le travail.

Ses résultats ont été tels que, parlant dans un banquet à l'occasion de la soixantaine de son aïeul, fête inoubliable où les œuvres philanthropiques furent encore améliorées en même temps qu'un don considérable était fait au personnel, M. Armand Mame a pu prononcer avec raison ces paroles :

« On vous dira que l'accord du capital et du « travail est désormais impossible, et que ce « sont là deux époux mal assortis dont il faut « prononcer le divorce définitif... Vous pourrez « répondre que dans notre maison de Tours, « presque séculaire, jamais cette fameuse question sociale n'a même été effleurée, et que nous « continuerons à donner au monde du travail « l'exemple d'une admirable union, en nous « confiant les uns aux autres et en nous aimant. »

Des œuvres patronales avec participation aux bénéfices et retraites ouvrières fonctionnent dans la maison Mame.

En outre, y ont été fondées :

La cité ouvrière, où soixante-deux familles sont logées dans des habitations complètement séparées entre elles, ayant chacune leur petit jardin et disposées autour d'un vaste square planté d'arbres. Le loyer de ces habitations, dont on ne pourrait trouver l'équivalent à moins de 500 à 600 francs, varie de 156 à 237 francs.

La dotation Mame, ayant pour but d'assurer les soins médicaux et les médicaments gratuits aux femmes et aux enfants des ouvriers, ainsi qu'aux ouvrières de la maison. Des secours en nature ou en espèces sont aussi distribués aux familles nécessiteuses.

Des crèches, des asiles, dans lesquels les femmes peuvent mettre leurs enfants pendant les heures de travail à l'atelier.

Deux sociétés de secours mutuels, à l'institution desquelles MM. Mame ont contribué par de généreux dons, fonctionnent dans d'excellentes conditions, l'une depuis plus de 50 ans, l'autre depuis plus de 60 ans.

En résumé, rien n'a été négligé pour assurer le bien-être des ouvriers et la sécurité pour leurs vieux jours. Aussi, la stabilité du personnel est remarquable, et tous, employés et ouvriers, sont heureux de saisir toutes les occasions qui se présentent à eux de manifester à la famille Mame leur sympathie et leur reconnaissance.

Maison Harmel frères. — De même que pour les maisons Laroche-Joubert et Mame, pour la maison Harmel on éprouve le vif regret d'être dans l'obligation de se borner et de ne pouvoir entrer dans les détails de son organisation industrielle et sociale, comme aussi de son administration toute paternelle.

La maison Harmel a été fondée en 1797 ; elle est fixée au Val-des-Bois, près Reims, depuis 1840. L'usine comprend : la teinture, le filage de la laine cardée et de la laine peignée, le retordage et le fil nouveauté.

Au point de vue social, celui qu'il importe de traiter ici, les patrons du Val-des-Bois ont cherché à connaître à fond la mentalité ouvrière.

Comprenant que l'action du patron n'atteint que la surface, ne va pas au fond des âmes, et, par suite, ne détermine pas les volontés, ils ont fait en sorte d'établir l'action du *semblable sur le semblable,* parce qu'elle répond aux aspirations légitimes vers la conquête de la dignité personnelle et de la liberté.

Dans ce but, un *conseil d'usine* a été institué : c'est la *Démocratie dans l'usine.*

Voici ce qu'en dit M. Léon Harmel lui-même.

Genèse du conseil d'usine. — « J'ai été élevé
« au milieu des ouvriers par un père qui, durant
« sa longue carrière industrielle, s'est autant
« préoccupé du bonheur de son petit peuple que
« de la prospérité de son industrie. Dès ma
« jeunesse, j'ai eu de l'estime et de l'affection
« pour les travailleurs. Je me sentais attiré vers
« ces hommes aux mains calleuses, mais au
« cœur d'or, chez lesquels l'austérité de la vie,
« la facile acceptation des conditions pénibles
« de l'existence, font germer des vertus, banales
« aux yeux du monde, mais grandes aux yeux

« de Dieu ; d'autant plus héroïques qu'elles sont
« ignorées de ceux qui les pratiquent. »

Toutes les œuvres du Val-des-Bois ont tendu vers ce but supérieur :

Le bien de l'ouvrier par l'ouvrier, et avec lui, jamais sans lui, à plus forte raison, jamais malgré lui.

Un conseil d'usine, dans lequel siègent, avec les patrons, des ouvriers délégués par leurs camarades, a été institué au Val-des-Bois. Ces délégués sont les coopérateurs des patrons et contribuent ainsi à la prospérité de la maison.

Ce conseil traite toutes les questions courantes intéressant l'organisation professionnelle et économique de l'usine, telles que :

Les accidents.

L'hygiène.

L'apprentissage.

Les concours.

Le travail.

La production.

La perfection des produits.

Les salaires, primes et tarifs.

La discipline et les réclamations.

En outre, au Val-des-Bois, on s'occupe de l'apprentissage des jeunes ouvriers et même des jeunes patrons; de plus, y sont établis aussi des : *Pension de famille, caisse de famille, société de vétérans, travaux à procurer aux anciens ouvriers, mesures à prendre pour*

*éviter le chômage, société de secours mutuels.
— Ecoles, jardins, coopérative, épargne, et
même boulangerie coopérative.*

A cet ensemble admirable d'œuvres économiques et sociales, il y a lieu d'ajouter les
fondations de la maison Harmel, savoir :

De M. Jacques Harmel pour sa 88e année, en
1883, un capital donnant 1.200 francs de rente
à appliquer aux retraites de vieillesse.

De M. Léon Harmel pour sa 83e année, en
1911, un capital fournissant 1.500 francs de
rente pour aider les familles nombreuses parmi
les syndiqués (1).

Contribution annuelle de l'usine : 1.900 francs
pour subvention des institutions et sociétés
fondées par le syndicat.

————

Autre exemple de justice sociale. —
En 1913, à l'occasion du mariage d'une de ses
filles, M. Marcellot, président de l'A. L. P. de
la Haute-Marne, a donné une grande fête à son
personnel des forges d'Eurville. Du compte
rendu publié par le journal le *Patriote*, il résulte
que beaucoup d'institutions de prévoyance ont
été créées pour le plus grand bien des ouvriers
dans son usine par ce patron chrétiennement
social, telles que :

(1) Le grand industriel chrétien qu'était M. Léon Harmel est décédé le 25 novembre 1915.

Caisse de secours mutuels ; société de prévoyance ; caisse de retraite assurant 150 francs de rente après 30 années de services, sans aucun prélèvement sur le salaire des ouvriers ; sociétés d'habitations ouvrières ; remboursement de leur loyer aux familles nombreu es ; société coopérative de consommation ; caisse des réservistes et territoriaux ; caisse agricole ; caisse de prêt gratuit ; caisse des naissances ; caisse du pain gratuit aux familles nombreuses ; caisse de réservè et d'assurance sur la vie ; remises sur les fournitures de boucherie ; société d'épargne ; ouvroir, école ménagère, travail à domicile pour les femmes.

A ces exemples si encourageants, il convient d'ajouter celui que donne actuellement la Compagnie des mines de Blanzy.

Compagnie des mines de Blanzy. — Cette compagnie admet à la participation des bénéfices qu'elle réalise les ouvriers ses coopérateurs. Pour l'exercice 1913, elle leur a distribué la somme de *deux millions cent mille francs.* Depuis le début de cette participation des ouvriers aux bénéfices, c'est-à-dire depuis 1907, cette part a été chaque année en augmentant.

Par suite, comme allocation, les ouvriers du fond et ceux du jour qui ont travaillé pendant

la dernière grève ont touché, en plus de leur
journée : 2 francs pour les ouvriers du fond, et
1 franc pour ceux travaillant au jour.

Par cette participation aux bénéfices, les ouvriers sont encouragés à concourir à la prospérité de l'entreprise à laquelle ils sont attachés,
et d'où provient l'augmentation de ces bénéfices
auxquels ils ont part. Sans être obligatoire,
de la part de la compagnie, c'est un geste intel-
ligemment opportun, comme aussi éminemment
social, car rien n'est plus juste, plus moral, plus
chrétien, en un mot.

———

Telles sont quelques-unes des institutions
économiques, sociales et conservatrices à opposer aux utopies comme aux destructions et aux
ruines préconisées par les socialistes.

A ces exemples typiques pourraient, si la
brièveté de cette étude le permettait, en être
ajoutés beaucoup d'autres. L'ensemble forme-
rait une sorte de dictionnaire édifiant des maisons industrielles où règne l'accord social du
capital et du travail. Il en est par toute la
France, mais elles abondent surtout dans la
région du Nord, et c'est un réconfort antisocia-
liste d'y entendre dire par les ouvriers que, si
les patrons ont à cœur de leur assurer un salaire
en rapport avec leur travail et leurs charges
familiales, les femmes de ces patrons ne négli-

gent rien pour que dans l'intérieur des ménages ouvriers règnent l'aisance et la moralité.

Que sont devenus, par le fait de la guerre, tous ces établissements situés dans les régions envahies? Détruits, ou tout au moins ruinés, sans doute ; destructions ou ruines dont les plus responsables sont les socialistes au pouvoir, prétendus amis de l'ouvrier, ayant refusé à la France les moyens d'être prête à empêcher son invasion.

———

Le socialisme contemporain est un poison importé d'Allemagne par Karl Marx, comme l'anticléricalisme attisé chez nous par Bismarck.

A entendre les fortes têtes de ce prétendu régime de l'avenir, nul effort en vue d'harmoniser les rapports du capital et du travail n'aurait été fait avant la propagation de leurs théories communistes et collectivistes, dernière édition. L'histoire, sous ce rapport, se charge de leur donner un démenti formel.

Ils ont beau jeu d'abuser de l'ignorance des travailleurs qui, n'ayant pas étudié l'histoire, ignorent tout du passé, ou le connaissent mal s'ils s'en rapportent aux manuels scolaires où la vérité est mise sous le boisseau, ainsi que l'a péremptoirement prouvé M. Jean Guiraud, professeur d'histoire à l'Université de Besançon, dans son remarquable ouvrage : « Histoire partiale. Histoire vraie. »

Les questions sociales ont toujours intéressé l'humanité, et s'il y eut à toutes les époques des prometteurs de bonheur, ceux qui tinrent parole ne le firent qu'en pratiquant des théories opposées au communisme et au collectivisme.

Qu'il y aurait à dire sous ce rapport ! Abrégeons en ne citant que quelques faits :

— *Sous Louis XII,* justement surnommé « le père du peuple », l'aisance et le bien-être du peuple furent tels que les paysans quittaient leurs travaux pour aller acclamer le roi lorsqu'il traversait leur contrée (1).

— Les mutualités, que beaucoup croient être une heureuse innovation du xıx° siècle, ont existé autrefois. Nos aïeux surent pratiquer très fraternellement ce système de solidarité, ainsi que le prouvent les archives de la société Ste-Anne de Paris, remontant au xııı° siècle.

— Au xv° siècle, *Jacques Cœur* possédait des mines dans le Lyonnais et le Beaujolais. Les ouvriers employés à leur exploitation étaient nourris, logés, habillés, blanchis, éclairés, et touchaient un salaire plus élevé que celui des mineurs d'aujourd'hui. Jacques Cœur, qui n'avait pas attendu Karl Marx pour être humanitaire, tenait à ce que ses ouvriers ne passent pas toute l'année au fond des puits de mine. Pour cela, il faisait alterner les travaux d'ex-

(1) Courtépée, *Description du duché de Bourgogne,* t. III, p. 203.

traction de houille avec des travaux agricoles, de sorte que les mineurs étaient tour à tour : faucheurs, moissonneurs, vendangeurs, selon les saisons; et ceux d'entre eux qui avaient de l'ordre, de l'économie, devenaient eux-mêmes propriétaires, ainsi qu'en témoigne M. Siméon Luce, dans son ouvrage : « La France pendant la guerre de cent ans. »

— *Et les corporations ouvrières.* — Elles prirent naissance sous les Romains, et, en subissant des modifications compatibles avec les époques et les mœurs, elles persistèrent jusqu'à leur abolition par l'Assemblée constituante en 1791. Ce système d'entr'aide sociale, surtout dans sa dernière période, était très avantageux pour la classe ouvrière. Il constituait l'union entre patrons et ouvriers et assurait des secours aux travailleurs infirmes, la conservation de la dignité professionnelle et des traditions de famille, aussi toutes garanties contre la fraude, et le règlement des contestations par des tribunaux de métier. C'était, en un mot, l'accord réel du travail et du capital qu'on eut le tort de briser.

Ce sont là autant de preuves qu'autrefois la question sociale a trouvé sa solution et peut la trouver encore, car elle varie selon les générations, au moyen d'un sage équilibre d'intérêts opposés, sans ruiner les uns au profit des autres.

CONCLUSION

De ce qui précède, et de ce qu'on a pu apprendre d'autre part, il y a lieu de conclure :

1° *Que le socialisme*, dans toutes les tentatives pratiquées en vue de son implantation quelque part, a toujours fait faillite.

2° *Que la paix et la justice sociales*, mutuellement et sagement exercées entre parties ayant des intérêts opposés, ont toujours donné d'excellents résultats.

D'où vient l'échec d'un de ces systèmes sociaux et le succès de l'autre ?

Remontant, d'après Le Play, des effets aux causes, on constate ceci :

Les promoteurs du socialisme sont areligieux ou athées. Méconnaissant, ou n'admettant pas l'existence de Dieu, ils ne savent pas, ou ils ne veulent pas savoir, d'où vient l'homme et où il va. Au nom de quelle autorité, de quel principe, se permettent-ils alors de vouloir lui imposer une conception sociale quelconque : la leur, naturellement ? L'ignorance réelle ou affectée de son origine et de sa fin autorise, à ses yeux, chaque individu à se faire l'existence que lui suggèrent ses goûts, ses intérêts, ses passions ; ce que Bonnot et Garnier, logiciens féroces, ont appelé : vivre leur vie, se faisant loups pour arracher à leurs semblables, autres loups à leurs yeux, ce qu'ils possédaient ; ce qu'aussi certains autres ont appelé faire du socialisme en attisant violemment les haines entre classes sociales, tels Jaurès et Rochefort, en réunion publique à Albi, disant de la première cheminée de la fameuse verrerie ouvrière s'élevant en face de la cathédrale : « Ceci tuera cela », et poussant ainsi leurs auditeurs aux pires excès.

En cela, — et c'est triste à constater — ils n'ont fait que prouver à quelle extrémité un malheureux raisonnement, poussé à fond et à faux, peut conduire des êtres — selon Louis Veuillot — « vidés de Dieu et remplis de la « fureur des convoitises humaines ». C'est un des fruits amers du socialisme.

Pour être logiques dans leur athéisme, les socialistes ne doivent pas s'octroyer le droit d'imposer à la masse telle formule sociale plutôt que telle autre, d'autant mieux qu'au fond ils ne sont d'accord que sur la mesure radicale préalable à leur application, c'est-à-dire la suppression du droit de propriété, prodrome du chambardement social.

La suppression du droit de propriété ! C'est encore un point sur lequel il n'est pas indifférent d'insister pour faire pénétrer une bonne fois dans la tête des gens du peuple que cette suppression du droit de propriété les frapperait comme les riches.

Quel jour de colère pour tous que celui où cette mesure serait appliquée, mais surtout — que cela soit encore redit — pour ce grand nombre de paysans et de petits propriétaires fonciers quand, une fois au bagne socialiste qu'ils auront contribué à fonder, se trouveront bêtement troqués leur avoir et leur indépendance pour un collier d'attache qui leur pèlera le cou comme au chien de la fable.

Qu'ils ne s'y trompent pas, ils seront bel et bien dépouillés. L'appétit du socialisme est insatiable ; il ne fera qu'une bouchée de la petite propriété, contrairement à l'attente de celui qui la détient, car, répétons-le encore, elle est, selon la plupart des journaux collectivistes, un obstacle à la propriété communiste.

Il faut tout prévoir, même l'imposition du socialisme, de droit, de force ou par surprise. Dès lors, comment assurera-t-on la subsistance de la masse ?

Par le travail de tous, répondront imperturbablement les chefs.

Pour obtenir de l'homme, en général, l'accomplissement en bonnes conditions d'une tâche, il faut qu'il y soit intéressé. C'est ce qu'ont compris les patrons qui, sans y être obligés, font participer leurs ouvriers aux bénéfices de leurs industries, ce qui ne veut pas dire que la participation aux bénéfices revienne de droit à l'ouvrier, ou soit l'unique solution de la question sociale; néanmoins c'est une des plus pratiques. La doctrine socialiste au contraire, déchargeant l'individu de toute responsabilité, lui enlevant jusqu'au sens de la propriété, n'en ferait jamais qu'une sorte de moteur indifférent fonctionnant le moins possible, et seulement lorsqu'il y serait contraint et forcé.

Comment en serait-il autrement ? Unité perdue dans la masse, sans espoir de récompense d'une vie honnête et laborieuse, sans crainte de manquer de pain, — c'est ce qu'on lui dit — le socialiste prolétaire perdra la notion du devoir; et *comme le travail, dont le mobile le plus constant est le besoin et non pas seulement l'attrait, est issu du devoir*, il s'y livrera le moins possible.

C'est du reste ce que faisaient les phalanstériens de Royer, aussi les ouvriers qu'occupait M. H. dans la même contrée, lesquels, comblés par lui de bienfaits, mais ayant perdu le sens moral, incendièrent plusieurs fois sa maison pour avoir l'occasion de le voler ; et tant d'autres par ailleurs. Si les ouvriers de la mine aux mineurs ou de certaines verreries ont encore continué à travailler, c'est que les groupes de prolétaires ayant présidé à la formation de ces chantiers prétendus socialistes, se sont empressés, ainsi qu'on a pu le voir, soit par égoïsme, soit par nécessité, afin de tenir le plus longtemps possible, d'agir comme de vulgaires patrons.

En présence des ruines qu'ont laissées partout les tentatives d'entreprises socialistes qui y ont été faites, on tremble à l'idée qu'un jour la France, livrée aux mains de prétendus constructeurs de cités futures et d'Etats modèles, peut être exposée à devenir un vaste champ d'expérience de ce genre. C'est bien assez du gâchis politique et financier où certains l'ont plongée, sans y ajouter un gâchis social qui serait la fin de tout.

La paix sociale est l'opposé du socialisme. Elle ne se propose pas de renverser, mais de réformer ; travail incessant, car il varie suivant les générations, les découvertes nouvelles, les progrès matériels et moraux. Pour être fécond, ce travail ne doit pas procéder de la diversité et de l'instabilité des vues personnelles des individus, ce qui créerait une confusion sans issue, mais d'un principe immuable. Il n'en est qu'un : c'est la loi de Dieu, Créateur de l'univers et

Législateur suprême, récompensant les bons et châtiant les méchants.

L'observance de cette loi a toujours été fertile en réformes sociales dans le passé, les ouvriers d'autrefois ayant eu comme ceux d'aujourd'hui besoin d'aide, besoin de secours; et seule elle peut l'être à toutes les époques car, d'après Falconnet, le christianisme porte en lui toutes les modifications de l'avenir.

Beaucoup l'ignorent, et ceux qui le savent ne le rappellent pas assez : C'est de l'application de la loi divine qu'est résulté ce qu'il y a eu de bien et de bon autrefois dans l'établissement des communes, des corporations et des confréries ouvrières, c'est-à-dire, ainsi que cela a été rappelé déjà, non seulement l'affranchissement, mais l'organisation hiérarchiquement fraternelle du monde ouvrier.

Le lien corporatif une fois brisé par la Constituante de 1791, les corporations une fois dissoutes, l'ouvrier fut livré à lui-même, exposé à l'impuissance de l'être isolé à se défendre, et à l'écrasement des faibles par les forts.

Ce n'est pas le socialisme qui remédiera à cela, puisqu'il veut faire de nous un troupeau d'êtres asservis de plus en plus au maître qu'est l'Etat, en voie de s'arroger jusqu'au droit tyrannique d'hériter du fruit des économies des pères au détriment de leurs enfants. Sans doute, certaines lois sociales sont intervenues depuis peu, mais, manquant de la générosité d'inspiration de la loi divine, la plupart d'entre elles — ainsi que cela a été démontré à propos des syndicats — sont considérées comme des armes excitant plutôt à la lutte du travail contre le capital, au lieu d'apaiser leurs conflits.

Si tous les hommes, en général, ont, à l'égard les uns des autres, des droits à exercer, ils ont aussi des devoirs à remplir. Quand l'exercice des droits a lieu sans l'accomplissement des devoirs, l'accord devant résulter de leur mutuel équilibre est rompu. Etant seul exercé, le droit devient alors, le plus souvent, une arme sociale au service de l'injustice, arme que brandit le socialisme à tort et à travers, ce que ne comprennent pas la plupart de ses adeptes, aveuglés lorsqu'ils sont de bonne foi.

La solution du grand problème social ne peut réellement s'obtenir que par l'harmonie des classes évoluant chacune dans ses fonctions sociales, en usant de ses droits, — oui — mais sans négliger ses devoirs.

C'est ainsi que l'ont compris et s'y sont conformés les patrons industriels déjà cités, et bien d'autres aussi, dans leurs rapports avec leurs subordonnés, rapports basés sur l'union de la solidarité à la charité fraternelle fondée sur la justice. La solidarité ne fait que des associés, elle aide pour qu'on l'aide : donnant, donnant ; mais la charité aime, elle fait des frères de tous les hommes qui, depuis le manœuvre jusqu'au chef de gouvernement, ne pouvant se passer les uns des autres, doivent s'entr'aimer mutuellement ; et, goutte à goutte, elle verse l'huile bienfaisante empêchant tout grincement dans les rouages sociaux. Quant à la justice, elle est le roc offrant à l'une et à l'autre un fondement inébranlable.

Telle est l'économie sociale de la loi divine dont la morale a fait dans le passé la prospérité de tant d'associations et même de tant de communautés agricoles, notamment celles dont le Nivernais garde encore le souvenir, qui, « pen- « dant plusieurs siècles, ont triomphé de diffi- « cultés devant lesquelles se sont brisés bien sou- « vent la puissance et le génie », ainsi que l'a fait remarquer M. Albert Moron dans sa monographie de la communauté des Jault (Nièvre).

Somme toute, la solution de la question sociale se résume pour l'homme dans la satisfaction de deux besoins primordiaux : besoin moral et besoin matériel. Beaucoup, et principalement les socialistes, cherchent cette satisfaction où elle n'est pas, alors qu'elle correspond clairement à la double demande formulée dans la prière que le Christ nous a enseignée : « *Que votre règne arrive..... donnez-nous aujourd'hui notre pain de chaque jour.* » Aussi, de l'application expérimentale de la loi divine, Le Play a-t-il tiré cette conclusion pratique consignée dans ses « Ouvriers européens » : *Les peuples qui observent le Décalogue prospèrent ; ceux qui le violent déclinent ; ceux qui le renient disparaissent.*

APPENDICE

Si les craintes que doit inspirer le socialisme sont insuffisamment démontrées par ce qui précède, les grands chefs socialistes eux-mêmes se chargent de prouver combien elles sont justifiées. Il n'y a pour cela qu'à prendre connaissance de certaines déclarations émanant de plusieurs d'entre eux et publiées par le journal *Le Petit Patriote* dans son N° du 18 juillet 1914.

Les voici :

Qu'est-ce que le socialisme ?

— Le socialisme est le parti du ventre. (Jules GUESDE.)

Le socialisme contre la famille :

— L'idéal socialiste réduira la famille dans l'espace à la mère et à l'enfant, dans le temps à la période de l'allaitement. (Jules GUESDE.)

Le socialisme contre le mariage :

— L'homme et la femme ne sont que des

animaux ; peut-il être question d'un mariage, d'un lien indissoluble entre les animaux ? (BEBEL.)

Le socialisme contre Dieu :

— L'avenir appartiendra à l'athéisme, à la négation de Dieu. (LIEBKNECHT.)

Le socialisme contre la Patrie :

— A la première déclaration de guerre, avant le premier coup de canon, la grève des soldats doit être déclarée. (FERRER.)

Le socialisme contre les capitalistes :

— Nous ne démolirons pas les châteaux, nous les garderons pour nous. Nous exproprierons les capitalistes sans leur accorder la moindre indemnité, dût-on appeler cela voler. (Le *Vooruit,* 21 oct. 1872.)

Le socialisme contre le commerce et l'industrie :

— Le collectivisme ne sera intégral que si le petit commerce et la petite industrie viennent à disparaître un jour complètement. (VANDERVELDE.)

Le socialisme contre la petite propriété :

— ... Cette formule générale (suppression de la propriété), nous la proclamons pour le monde paysan comme pour le monde industriel. (JAURÈS, *Journal officiel,* 1ᵉʳ juillet 1897.)

Le socialisme contre l'ouvrier :

— Ce que nous voulons, c'est laisser ouverte la plaie au corps de la société actuelle... Ce que nous voulons, c'est amener au plus tôt l'heure suprême de cette société et la remplacer par la société socialiste. Et il n'y a pas deux moyens pour arriver à ce but : il faut à toute force maintenir l'ouvrier dans sa situation de misère. (BEBEL, au Congrès de Bruxelles, 1891.)

Le socialisme contre les pauvres :

— Secourir les malheureux, c'est de la trahison !... Ces gens-là seraient devenus des révoltés. Vous en faites des résignés. Besogne anti-socialiste. (Jules GUESDE.)

CONCLUSION :

On peut juger, d'après ces aveux de socialistes de marque, du bel avenir que le socialisme réserve à notre pauvre pays. Ne cessons pas de le redire :

Le socialisme conduit la France aux pires catastrophes !

Bar-le-Duc. — Imprimerie Brodard, Meuwly et Cie. — 793,2,17.

www.ingramcontent.com/pod-product-compliance
Lightning Source LLC
Chambersburg PA
CBHW051231030726
47595CB00003B/854